Impressum
Verlag: BABADADA GmbH, Nedderfeld 112 , 22529 Hamburg
Geschäftsführer / Verlagsleitung: Harald Hof
Druck: Books on Demand GmbH, In de Tarpen 42, 22848 Norderstedt

Imprint
Publisher: BABADADA GmbH, Nedderfeld 112 , 22529 Hamburg, Germany
Managing Director / Publishing direction: Harald Hof
Print: Books on Demand GmbH, In de Tarpen 42, 22848 Norderstedt, Germany

1

escola

skole

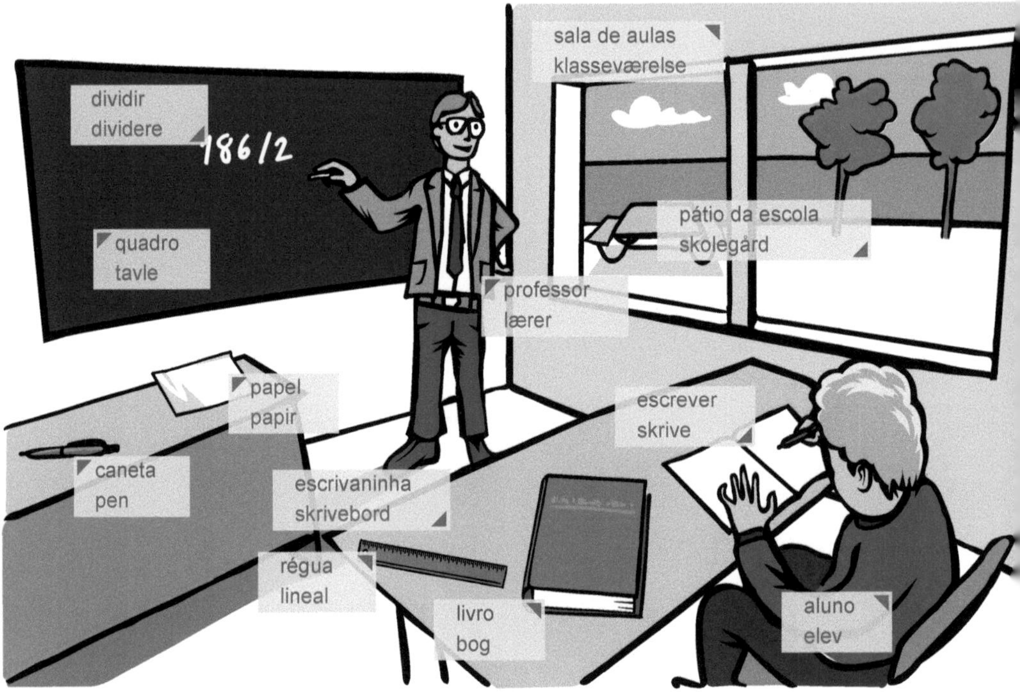
sala de aulas
klasseværelse
dividir
dividere
186/2
quadro
tavle
pátio da escola
skolegård
professor
lærer
papel
papir
escrever
skrive
caneta
pen
escrivaninha
skrivebord
régua
lineal
livro
bog
aluno
elev

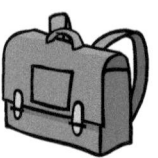

sacola

skoletaske

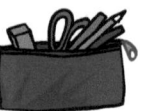

estojo de lápis

penalhus

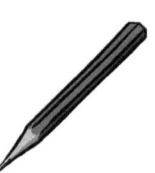

lápis

blyant

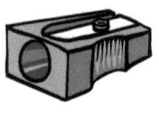

apontador de lápis

blyantspidser

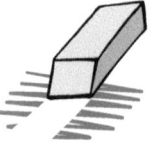

borracha

viskelæder

bloco de desenho

tegneblok

desenho

tegning

pincel

pensel

estojo de tintas

æske med vandfarver

tesoura

saks

cola

lim

livro de exercícios

opgavehefte

lição de casa

lektie

12

número

tal

2+2

somar

addere

5-2

subtrair

subtrahere

2×2

multiplicar

multiplicere

calcular

regne

letra

bogstav

**ABCDEFG
HIJKLMN
OPQRSTU
VWXYZ**

alfabeto

alfabet

palavra

ord

texto
tekst

ler
læse

giz
kridt

hora
time

registro da classe
klasseprotokol

exame
eksamen

certificado
karakterbog

uniforme escolar
skoleuniform

educação
uddannelse

enciclopédia
leksikon

universidade
universitet

microscópio
mikroskop

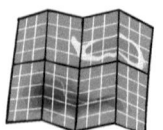

mapa
kort

cesto de lixo
papirkurv

escola - skole

viagem
rejse

hotel
hotel
Grand
albergue
herberg
ROOMS
EXCHANGE
casa de câmbio
vekselkontor
mala
kuffert
carro
bil

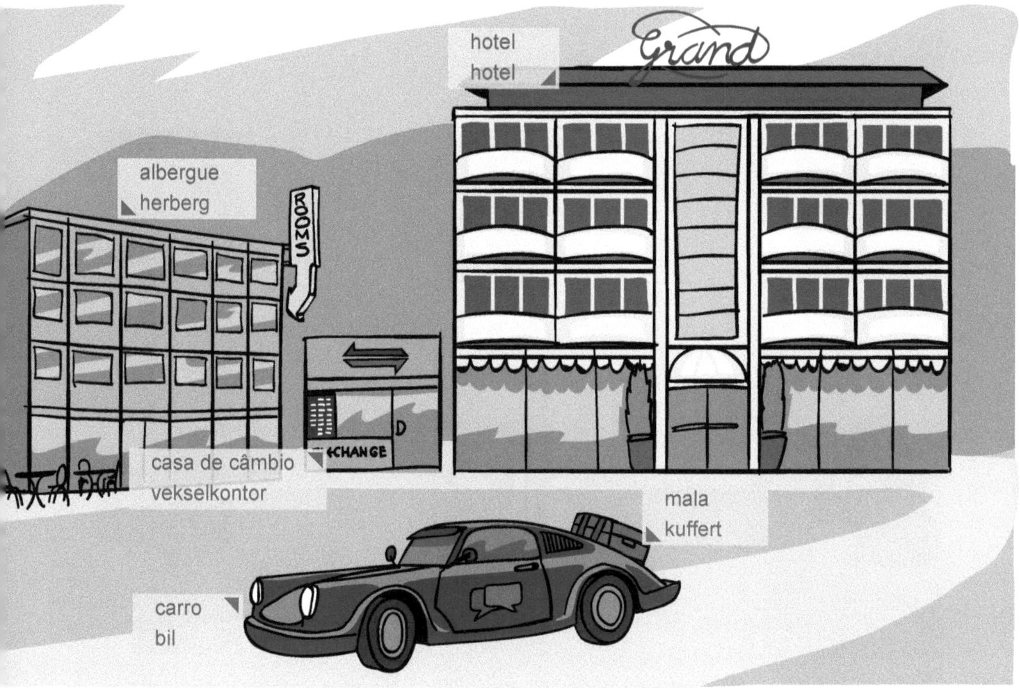

idioma

sprog

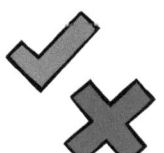

sim / não

ja / nej

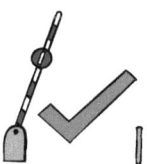

ok

okay

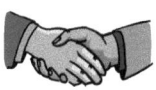

Olá

hej

tradutor

oversætter

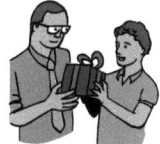

obrigado

tak

quanto custa...?

hvad koster...?

eu não entendo

Jeg forstår ikke

problema

problem

boa noite!

God aften!

Bom dia!

God morgen!

Boa noite!

God nat!

até logo

farvel

direção

retning

bagagem

bagage

bolsa

taske

mochila

rygsæk

convidado

gæst

quarto

værelse

saco de dormir

sovepose

barraca

telt

informação turística

turistinformation

praia

strand

cartão de crédito

kreditkort

café da manhã

morgenmad

almoço

middagsmad

jantar

aftensmad

bilhete

billet

elevador

elevator

selo

frimærke

fronteira

grænse

alfândega

told

embaixada

ambassade

visto

visum

passaporte

pas

transporte
transport

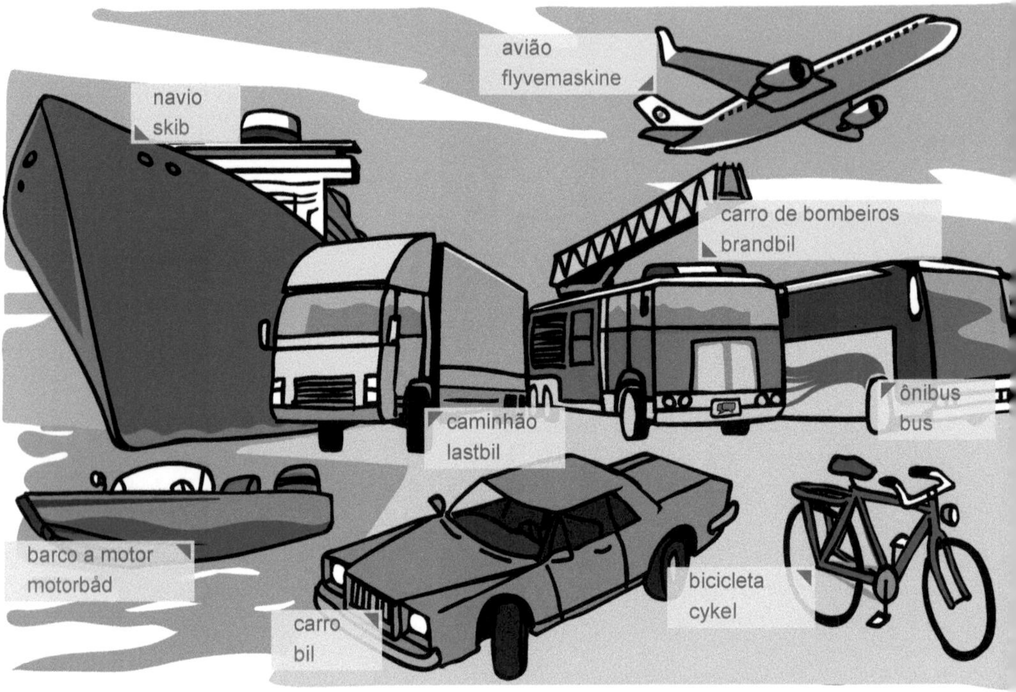
avião
flyvemaskine
navio
skib
carro de bombeiros
brandbil
ônibus
bus
caminhão
lastbil
barco a motor
motorbåd
bicicleta
cykel
carro
bil

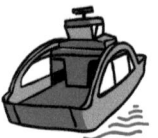

balsa

færge

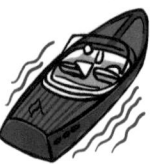

barco

båd

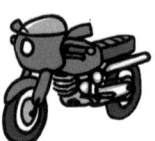

motocicleta

motorcykel

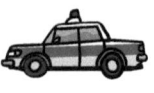

veículo policial

politibil

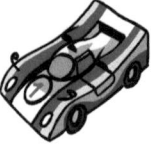

carro de corrida

racerbil

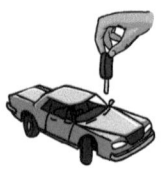

carro de aluguel

lejebil

compartilhamento de
automóvel
samkørsel

caminhão de reboque
kranbil

caminhão de lixo
skraldebil

motor
motor

combustível
benzin

posto de gasolina
tankstation

placa de trânsito
trafikskilt

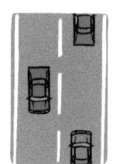

trânsito
trafik

trânsito lento
trafikprop

estacionamento
parkeringsplads

estação de trem
banegård

trilhos
skinner

trem
tog

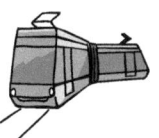

bonde
sporvogn

vagão
wagon

helicóptero

helikopter

aeroporto

lufthavn

torre

tårn

passageiro

passager

contêiner

container

cartolina

karton

carroça

kærre

cesto

kurv

decolar / pousar

starte / lande

cidade
by

vilarejo

landsby

centro da cidade

bymidte

casa

hus

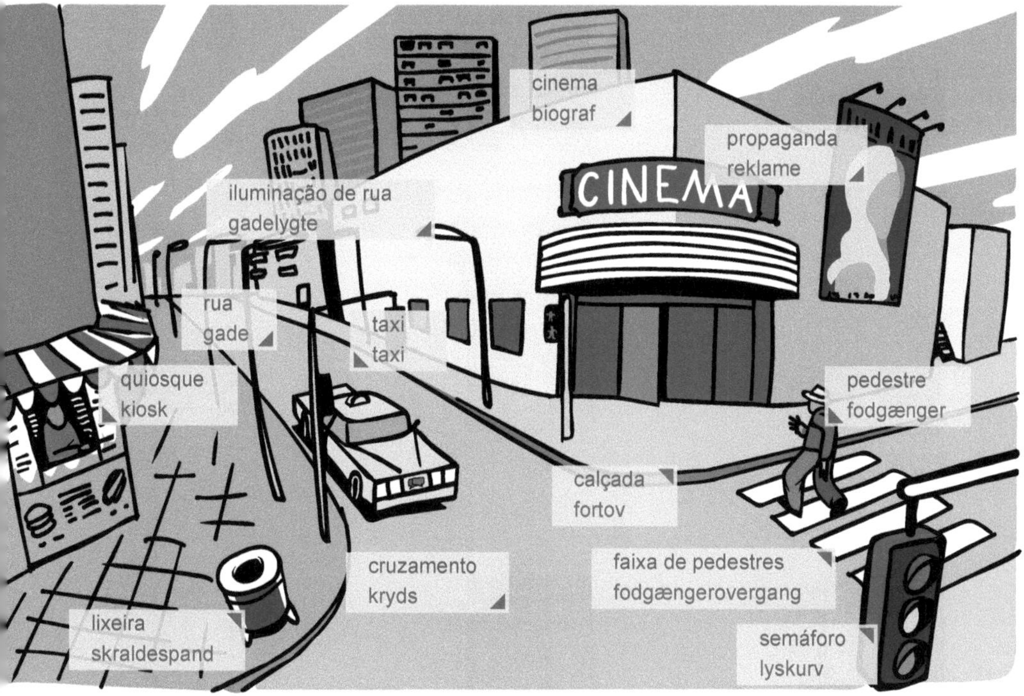

cinema
biograf

propaganda
reklame

iluminação de rua
gadelygte

CINEMA

rua
gade

taxi
taxi

pedestre
fodgænger

quiosque
kiosk

calçada
fortov

cruzamento
kryds

faixa de pedestres
fodgængerovergang

lixeira
skraldespand

semáforo
lyskurv

cabana
....
hytte

apartamento
....
lejlighed

estação de trem
....
banegård

prefeitura
....
rådhus

museu
....
museum

escola
....
skole

universidade

universitet

banco

bank

hospital

sygehus

hotel

hotel

farmácia

apotek

escritório

kontor

livraria

boghandel

loja

butik

floricultura

blomsterbutik

supermercado

supermarked

mercado

marked

loja de departamentos

stormagasin

peixaria

fiskehandler

centro comercial

butikscenter

porto

havn

parque

park

banco

bænk

ponte

bro

escadas

trappe

metrô

undergrundsbane

túnel

tunnel

ponto de ônibus

busstoppested

bar

barnevogn

restaurante

restaurant

caixa de correspondência

postkasse

placa de rua

vejskilt

parquímetro

parkometer

zoológico

zoo

piscina

badeanstalt

mesquita

moske

fazenda
bondegård

poluição
miljøforurening

cemitério
kirkegård

igreja
kirke

parquinho
legeplads

templo
tempel

paisagem
landskab

folha
blad

placa de sinalização
vejviser

caminho
vej

gramado
eng

pedra
sten

árvore
træ

caminhantes
vandrer

rio
flod

grama
græs

flor
blomst

vale
....
dal

montanha
....
bjerg

lago
....
sø

floresta
....
skov

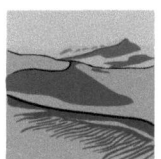

deserto
....
ørken

vulcão
....
vulkan

castelo
....
slot

arco-íris
....
regnbue

cogumelo
....
svamp

palmeira
....
palme

mosquito
....
moskito

mosca
....
flue

formiga
....
myre

abelha
....
bi

aranha
....
edderkop

besouro

bille

sapo

frø

esquilo

egern

ouriço

pindsvin

lebre

hare

coruja

ugle

pássaro

fugl

cisne

svane

javali

vildsvin

veado

hjort

alce

elg

barragem

dæmning

aerogerador

vindmølle

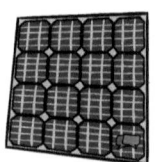

painel solar

solcellemodul

clima

klima

restaurante
restaurant

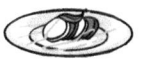

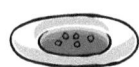

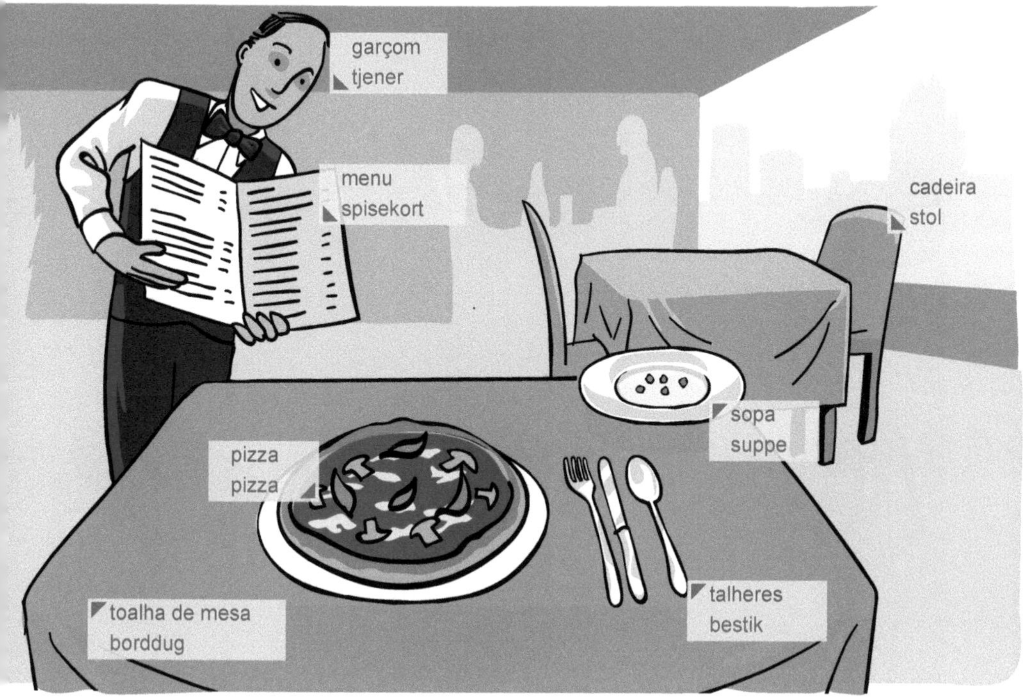

garçom
tjener
menu
spisekort
cadeira
stol
sopa
suppe
pizza
pizza
toalha de mesa
borddug
talheres
bestik

entrada

forret

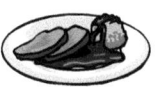

prato principal

hovedret

sobremesa

dessert

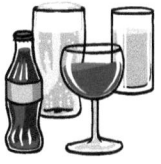

bebidas

drikkevarer

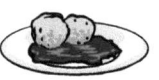

comida

mad

garrafa

flaske

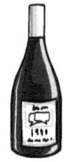

fastfood
fastfood

comida de rua
streetfood

bule de chá
tekande

açucareiro
sukkerdåse

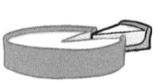

porção
portion

máquina de expresso
espressomaskine

cadeirão
barnestol

conta
faktura

bandeja
tablet

faca
kniv

garfo
gaffel

colher
ske

colher de chá
teske

guardanapo
serviet

copo
glas

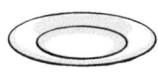

prato
tallerken

prato de sopa
dyb tallerken

pires
underkop

molho
sovs

saleiro
saltbøsse

moedor de pimenta
peberkværn

vinagre
eddike

óleo
olie

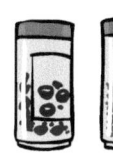

especiarias
krydderier

ketchup
ketchup

mostarda
sennep

maionese
mayonnaise

supermercado
supermarked

oferta especial
tilbud
FOR
cliente
kunde
laticínios
mælkeprodukter
frutas
frugt
carrinho de compras
indkøbsvogn

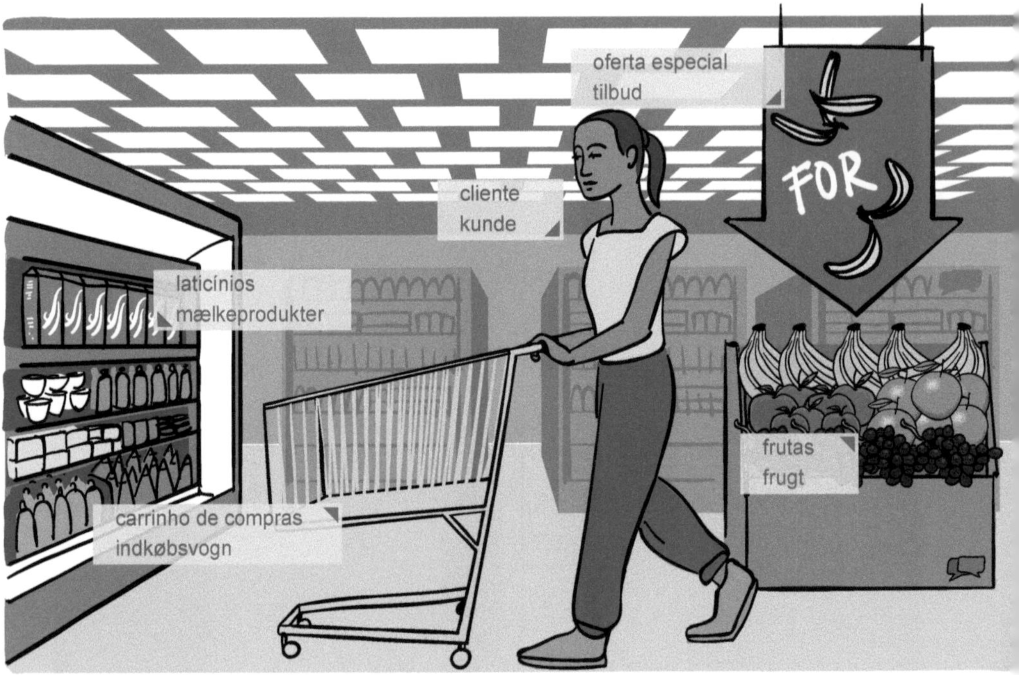

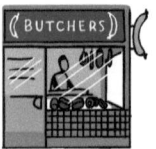

BUTCHERS

açougue
slagter

BAKERY

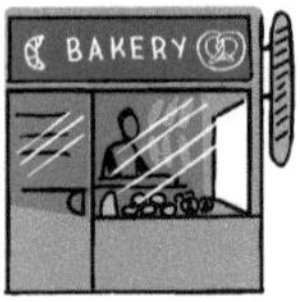

padaria
bageri

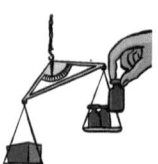

pesar
veje

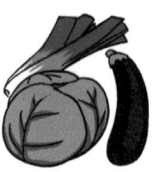

legumes
grøntsager

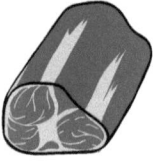

carne
kød

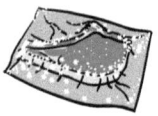

congelados
frostvarer

charcutaria
pålæg

conservas
konserves

detergente em pó
vaskemiddel

doces
slik

artigos domésticos
husholdningsvarer

produtos de limpeza
rengøringsmidler

vendedora
ekspedient

caixa
kasse

caixa
kasserer

lista de compras
indkøbsliste

horário de funcionamento
åbningstider

carteira
tegnebog

cartão de crédito
kreditkort

sacola
taske

saco plástico
plasticpose

água
vand

suco
saft

leite
mælk

coca-cola
cola

vinho
vin

cerveja
øl

álcool
alkohol

cacau
kakao

chá
te

café
kaffe

expresso
espresso

cappuccino
cappuccino

banana

banan

maçã

æble

laranja

appelsin

melão

melon

limão

citron

cenoura

gulerod

alho

hvidløg

bambu

bambus

cebola

løg

cogumelo

svamp

nozes

nødder

macarrão

nudler

espaguete

spaghetti

arroz

ris

salada

salat

batatas fritas

pomfritter

batatas frias

stegte kartofler

pizza

pizza

hambúrger

hamburger

sanduíche

sandwich

escalope

schnitzel

presunto

skinke

salame

salami

salsicha

pølse

galinha

kylling

assado

steg

peixe

fisk

flocos de aveia

havregryn

granola

mysli

flocos de milho

cornflakes

farinha

mel

croissant

croissant

pãozinho

rundstykke

pão

brød

torrada

toast

biscoitos

kiks

manteiga

smør

requeijão

kvark

bolo

kage

ovo

æg

ovo frito

spejlæg

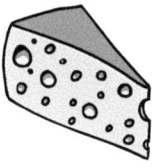

queijo

ost

sorvete

is

açúcar

sukker

mel

honning

geleia

marmelade

creme de avelãs

nougat-creme

curry

karry

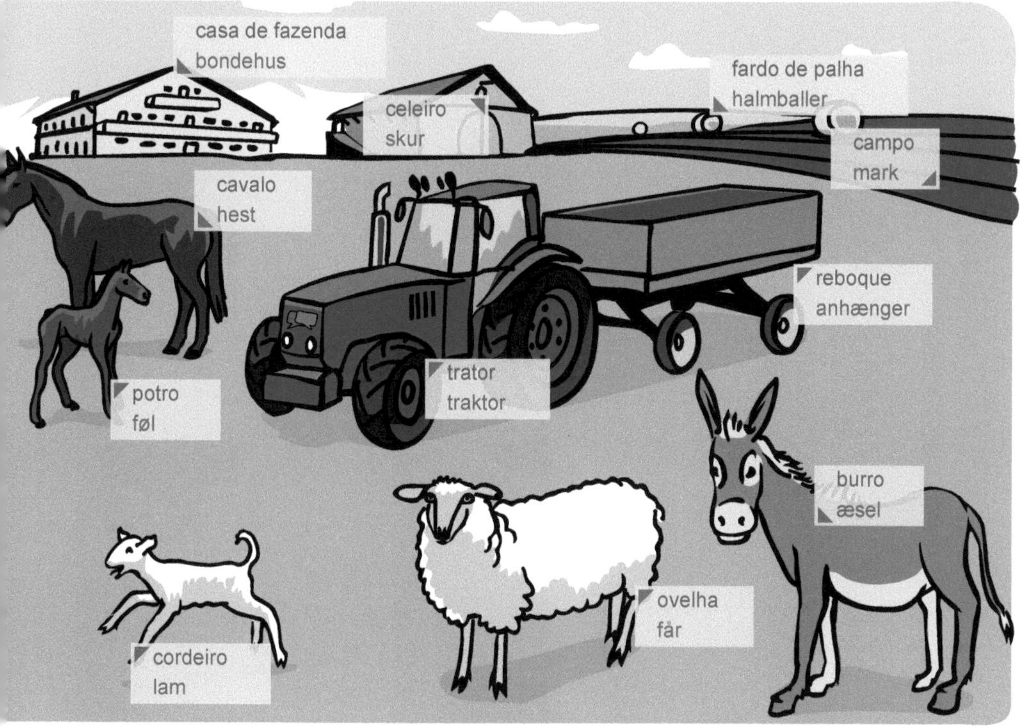

casa de fazenda
bondehus

fardo de palha
halmballer

celeiro
skur

campo
mark

cavalo
hest

reboque
anhænger

potro
føl

trator
traktor

burro
æsel

ovelha
får

cordeiro
lam

cabra	vaca	bezerro
ged	ko	kalv

porco	leitão	touro
svin	gris	tyr

ganso
gås

pato
and

pintinho
kylling

galinha
høne

galo
hane

ratazana
rotte

gato
kat

camundongo
mus

boi
okse

cachorro
hund

casinha do cachorro
hundehus

mangueira de jardim
haveslange

regador
vandkande

foice
le

arado
plov

foice
....
segl

enxada
....
hakkejern

forquilha
....
møggreb

machado
....
økse

carrinho de mão
....
trillebør

manjedoura
....
trug

jarra de leite
....
mælkekande

saco
....
sæk

cerca
....
hæk

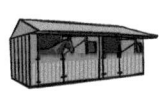

estábulo
....
stald

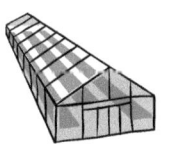

estufa
....
drivhus

solo
....
jord

semente
....
frø

fertilizante
....
gødning

colheitadeira
....
mejetærsker

colher

høste

colheita

høst

inhame

yams

trigo

hvede

soja

soja

batata

kartoffel

milho

majs

colza

raps

árvore frutífera

frugttræ

mandioca

maniok

cereais

korn

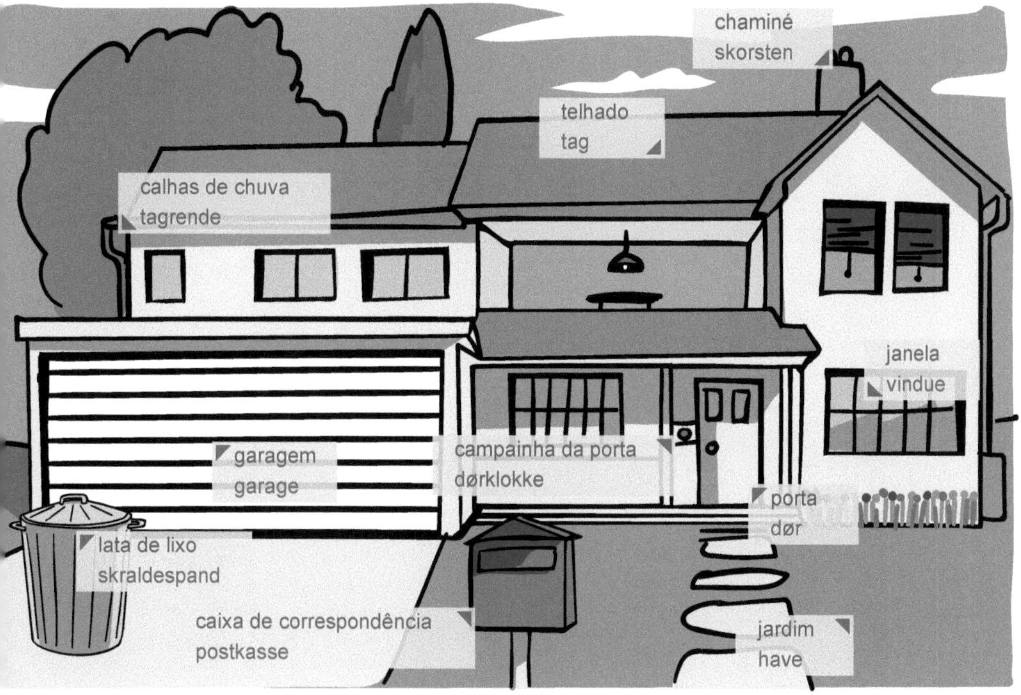

chaminé
skorsten

telhado
tag

calhas de chuva
tagrende

janela
vindue

garagem
garage

campainha da porta
dørklokke

porta
dør

lata de lixo
skraldespand

caixa de correspondência
postkasse

jardim
have

sala de estar
stue

banheiro
badeværelse

cozinha
køkken

quarto de dormir
soveværelse

quarto de criança
børneværelse

sala de jantar
spisestue

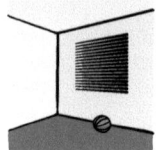

chão
....
gulv

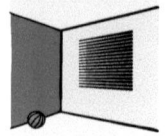

parede
....
væg

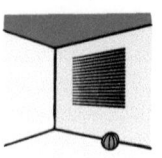

teto
....
loft

porão
....
kælder

sauna
....
sauna

varanda
....
altan

terraço
....
terrasse

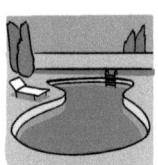

piscina
....
svømmehal

cortador de grama
....
plæneklipper

lençol
....
dynebetræk

coberta
....
dyne

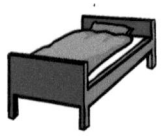

cama
....
seng

vassoura
....
kost

balde
....
spand

interruptor
....
kontakt

sala de estar

stue

papel de parede
tapet
quadro
billede
lâmpada
lampe
prateleira
reol
armário
skab
televisão
fjernsyn
lareira
pejs
flor
blomst
travesseiro
pude
sofá
sofa
vaso
vase
controle remoto
fjernbetjening

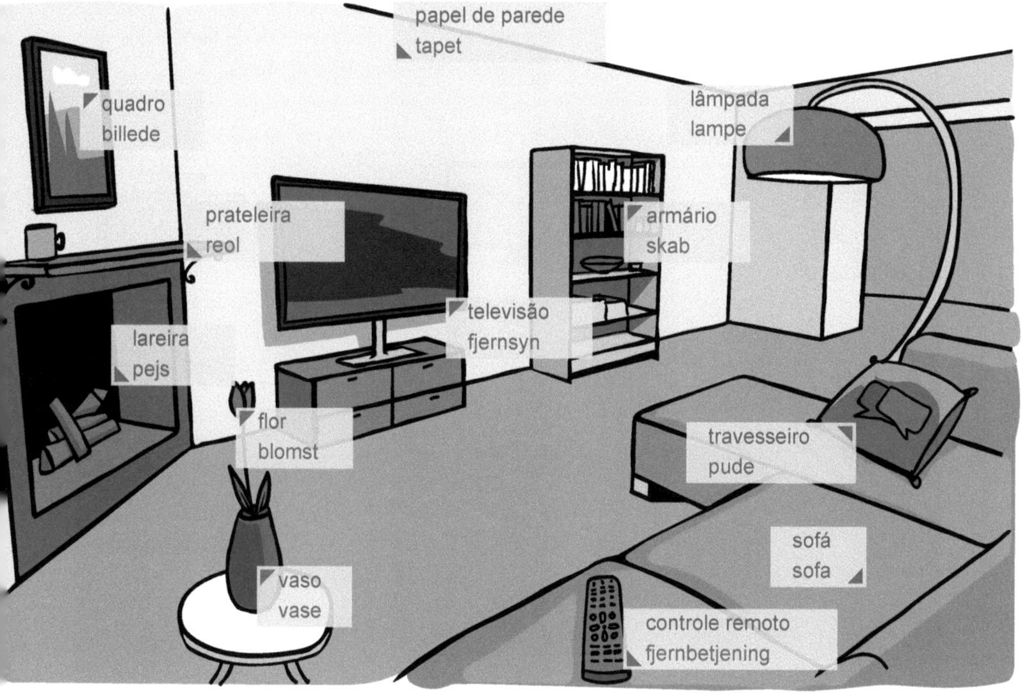

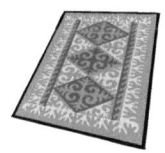

tapete

gulvtæppe

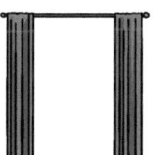

cortina

gardin

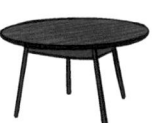

mesa

bord

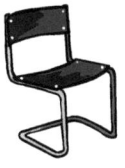

cadeira

stol

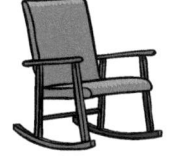

cadeira de balanço

gyngestol

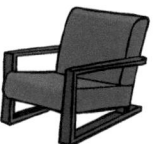

poltrona

lænestol

livro

bog

cobertor

tæppe

decoração

dekoration

lenha

brænde

filme

film

equipamento de som

stereoanlæg

chave

nøgle

jornal

avis

pintura

maleri

pôster

plakat

rádio

radio

bloco de notas

notesblok

aspirador

støvsuger

cacto

kaktus

vela

lys

cozinha
køkken

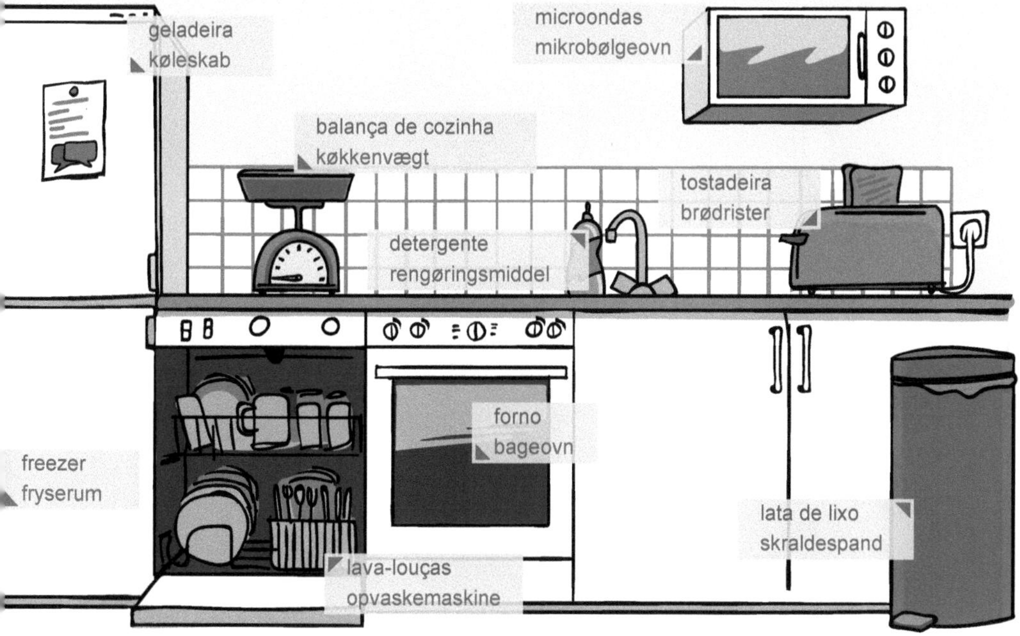
geladeira
køleskab
microondas
mikrobølgeovn
balança de cozinha
køkkenvægt
tostadeira
brødrister
detergente
rengøringsmiddel
forno
bageovn
freezer
fryserum
lata de lixo
skraldespand
lava-louças
opvaskemaskine

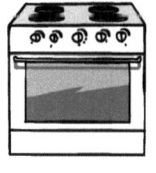

fogão
komfur

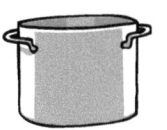

panela
gryde

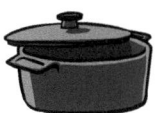

panela de ferro
jerngryde

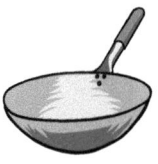

wok / kadai
wok / kadai

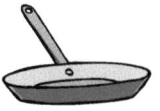

frigideira
pande

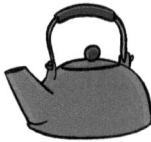

chaleira
elkedel

panela a vapor

dampkoger

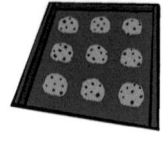

tabuleiro de forno

bageplade

louça

service

caneca

bæger

caçarola

skål

hashi

spisepinde

concha de sopa

øseske

espátula

paletkniv

batedor

piskeris

escorredor

dørslag

peneira

si

ralador

rive

almofariz

morter

churrasqueira

grille

lareira

ildsted

tábua de cortar

skærebræt

rolo da massa

kagerulle

saca-rolhas

proptrækker

lata

dåse

abridor de latas

dåseåbner

pegador de panela

grydelap

pia

køkkenvask

escova

børste

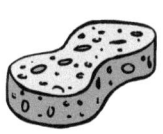

esponja

svamp

liquidificador

blender

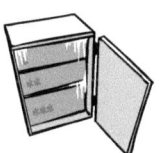

congelador

dybfryser

mamadeira

sutteflaske

torneira

vandhane

banheiro
badeværelse

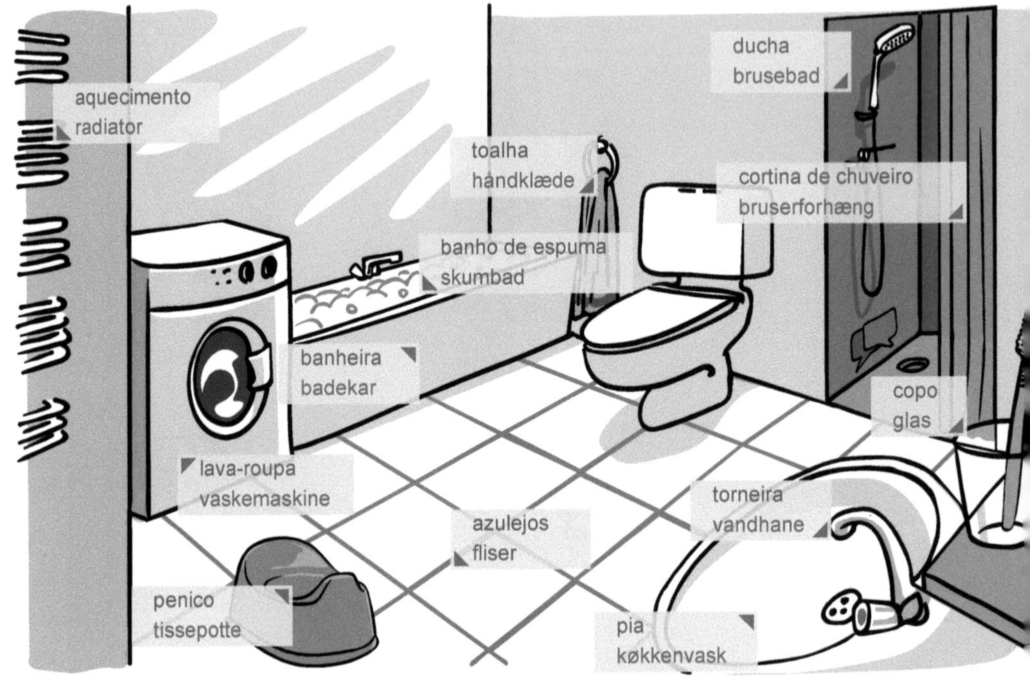

aquecimento
radiator
ducha
brusebad
toalha
håndklæde
cortina de chuveiro
bruserforhæng
banho de espuma
skumbad
banheira
badekar
copo
glas
lava-roupa
vaskemaskine
torneira
vandhane
azulejos
fliser
penico
tissepotte
pia
køkkenvask

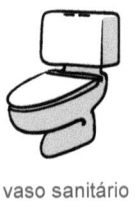

vaso sanitário

toilet

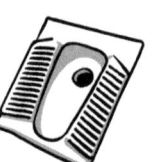

lavabo de agachar

hugsiddende toilet

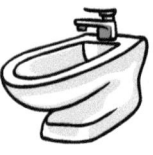

bidê

bidet

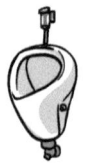

mictório

pissoir

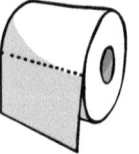

papel higiênico

toiletpapir

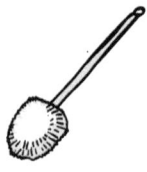

escova de privada

toiletbørste

escova de dentes

tandbørste

pasta de dentes

tandpasta

fio dental

tandtråd

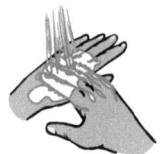

lavar

vaske

ducha de mão

håndbruser

ducha íntima

intimbruser

bacia

vaskefad

escova para as costas

badebørste

sabonete

sæbe

gel de banho

brusegele

xampu

shampoo

toalha de rosto

vaskeklud

escoamento

afløb

creme

creme

desodorante

deodorant

espelho
spejl

espelho de mão
kosmetikspejl

barbeador
barberhøvl

espuma de barbear
barberskum

loção pós-barba
barbervand

pente
kam

escova
børste

secador de cabelo
hårtørrer

spray de cabelo
hårspray

maquiagem
makeup

batom
læbestift

esmalte de unhas
neglelak

algodão
vat

tesoura para unhas
neglesaks

perfume
parfume

nécessaire
toilettaske

banquinho
skammel

balança
vægt

roupão de banho
badekåbe

luvas de borracha
gummihandsker

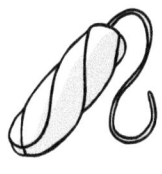

absorvente interno
tampon

absorvente íntimo
damebind

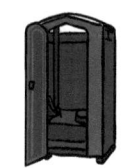

banheiro químico
kemisk toilet

quarto de criança
børneværelse

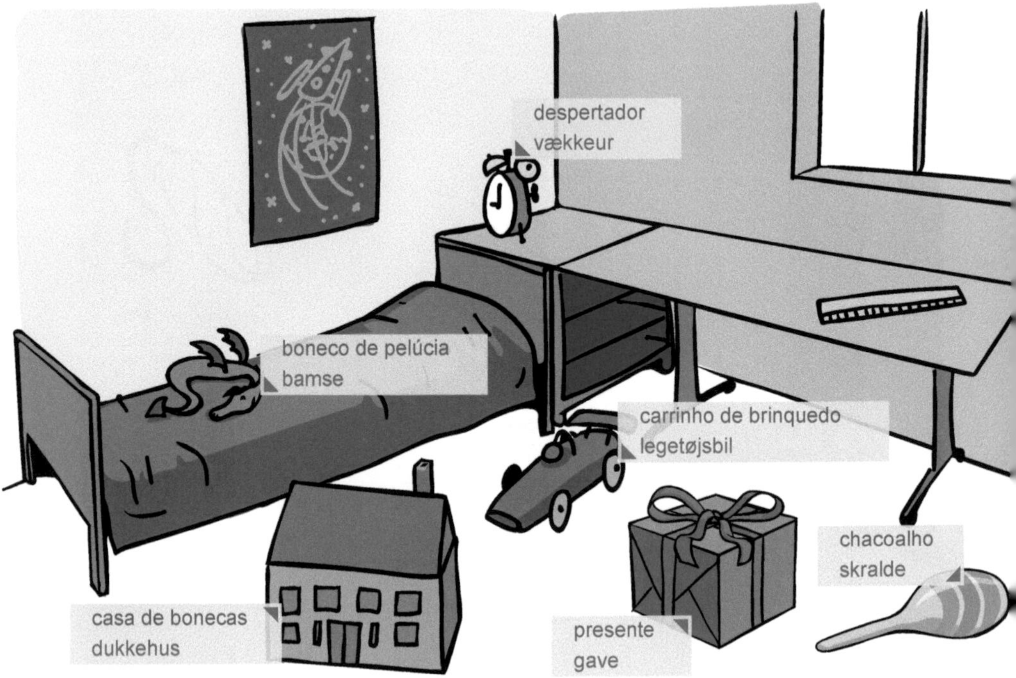
despertador
vækkeur
boneco de pelúcia
bamse
carrinho de brinquedo
legetøjsbil
chacoalho
skralde
casa de bonecas
dukkehus
presente
gave

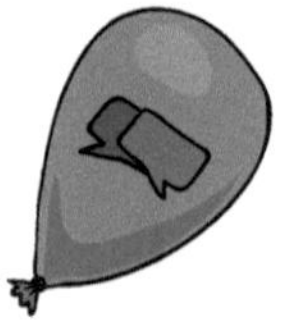

balão
ballon

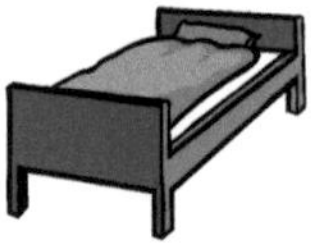

cama
seng

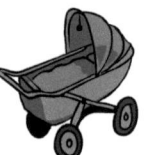

carrinho de bebê
barnevogn

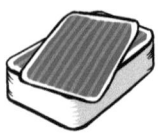

jogo de cartas
kortspil

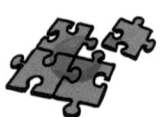

quebra-cabeças
puslespil

SUPER MEGA

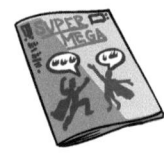

revista de quadrinhos
tegneserie

peças de Lego

legoklodser

blocos de construção

byggeklodser

figura de ação

action figur

macaquinho de bebê

sparkedragt

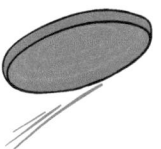

frisbee

frisbee

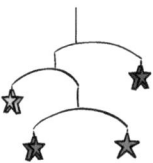

móbile para bebé

uro

jogo de tabuleiro

brætspil

dados

terning

trenzinho elétrico

modeljernbane

chupeta

sut

festa

fest

livro ilustrado

billedbog

bola

bold

boneca

dukke

brincar

lege

caixa de areia

sandkasse

balanço

gynge

brinquedos

legetøj

videogame

spillekonsol

triciclo

trehjulet cykel

ursinho de pelúcia

bamse

guarda-roupa

klædeskab

vestuário

tøj

meias

sokker

meias pelo joelho

strømper

meias-calças

strømpebukser

cachecol
sjal

cinto
bælte

guarda-chuva
paraply

camiseta
T-shirt

tênis
sneakers

botas
støvler

chinelos
hjemmesko

sandálias
....
sandaler

sapatos
....
sko

botas de borracha
....
gummistøvler

roupa de baixo
....
underbukser

sutiã
....
BH

camiseta de baixo
....
undertrøje

body
body

calças
bukser

jeans
jeans

saia
nederdel

blusa
bluse

camisa
skjorte

pulôver
pullover

suéter com capuz
sweatshirt

blazer
blazer

jaqueta
jakke

casaco
frakke

gabardine
regnfrakke

traje
kostume

vestido
kjole

vestido de casamento
brudekjole

terno
jakkesæt

camisola
nattrøje

pijama
pyjamas

sari
sari

lenço de cabeça
hovedtørklæde

turbante
turban

burca
burka

cafetã
kaftan

abaya
abaya

maiô
badedragt

sunga
badebukser

shorts
korte bukser

roupa de treino
træningsdragt

avental
forklæde

luvas
handsker

vestuário - tøj

47

botão

knap

óculos

briller

pulseira

armbånd

colar

kæde

anel

ring

brinco

ørering

boné

hue

cabide

bøjle

chapéu

hat

gravata

slips

zíper

lynlås

capacete

hjelm

suspensórios

seler

uniforme escolar

skoleuniform

uniforme

uniform

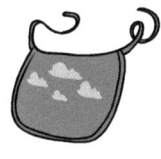

babador

hagesmæk

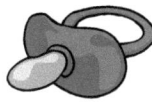

chupeta

sut

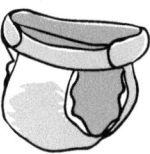

fralda

ble

escritório
kontor

servidor
server
armário de arquivos
arkivskab
impressora
printer
papel
papir
monitor
skærm
mouse
mus
escrivaninha
skrivebord
pasta
mappe
teclado
tastatur
cesto de lixo
papirkurv
computador
computer
cadeira
stol

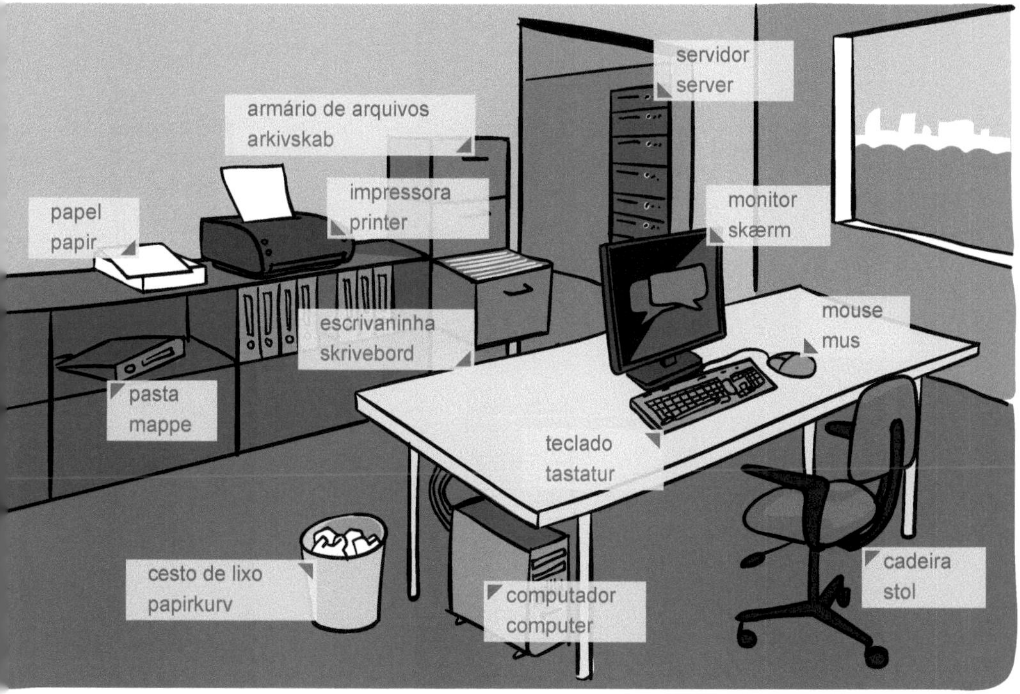

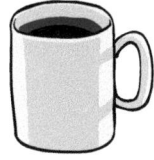

xícara de café

kaffekrus

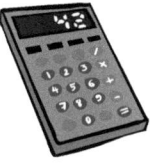

calculadora

lommeregner

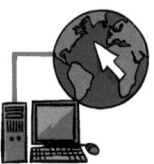

internet

internet

laptop

bærbar

carta

brev

mensagem

besked

celular

mobil

rede

netværk

copiadora

kopimaskine

software

software

telefone

telefon

tomada

stikdåse

fax

fax

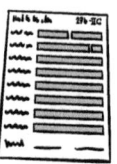

formulário

formular

documento

dokument

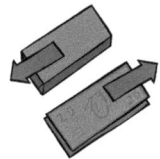

comprar
købe

pagar
betale

negociar
handle

dinheiro
penge

Dólar
dollar

Euro
euro

 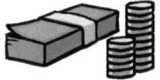

Yen
yen

rublo
rubel

franco suíço
schweizerfranc

renminbi yuan
renminbi yuan

rupia
rupee

caixa eletrônico
hæveautomat

casa de câmbio

vekselkontor

ouro

guld

prata

sølv

petróleo

olie

energia

energi

preço

pris

contrato

kontrakt

imposto

skat

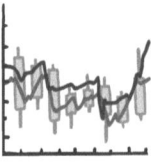

ação

aktie

trabalhar

arbejde

empregado

ansat

empregador

arbejdsgiver

fábrica

fabrik

loja

butik

profissões
erhverv

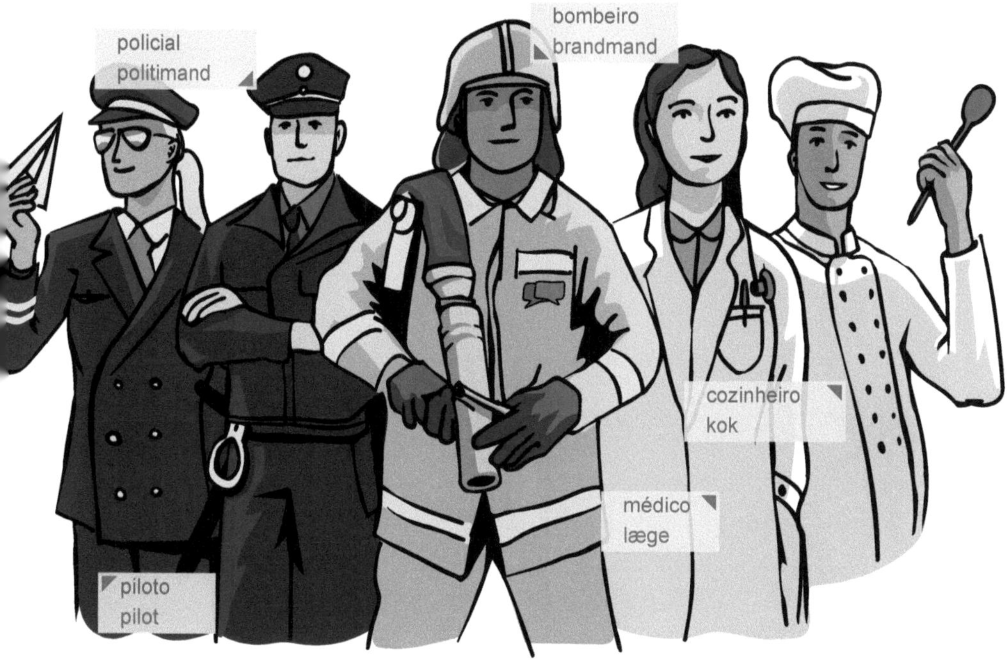

policial
politimand
bombeiro
brandmand
cozinheiro
kok
médico
læge
piloto
pilot

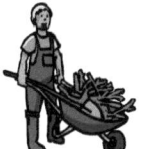

jardineiro

gartner

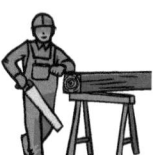

marceneiro

tømrer

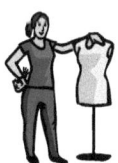

costureira

syerske

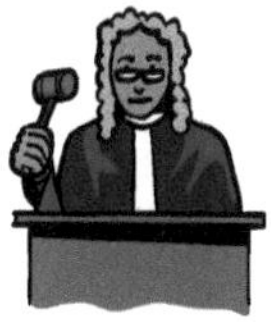

juiz

dommer

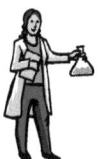

químico

kemiker

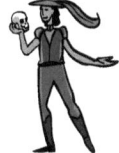

ator

skuespiller

motorista de ônibus

buschauffør

motorista de táxi

taxachauffør

pescador

fisker

faxineira

rengøringskone

telhador

tagdækker

garçom

tjener

caçador

jæger

pintor

maler

padeiro

bager

eletricista

elektriker

construtor

bygningsarbejder

engenheiro

ingeniør

açougueiro

slagter

encanador

vvs-mand

carteiro

postbud

soldado

soldat

arquiteto

arkitekt

caixa

kasserer

florista

blomsterhandler

cabelereiro

frisør

condutor

togfører

mecânico

mekaniker

capitão

kaptajn

dentista

tandlæge

cientista

videnskabsmand

rabino

rabbiner

imam

imam

monge

munk

pastor

præst

ferramentas
værktøj

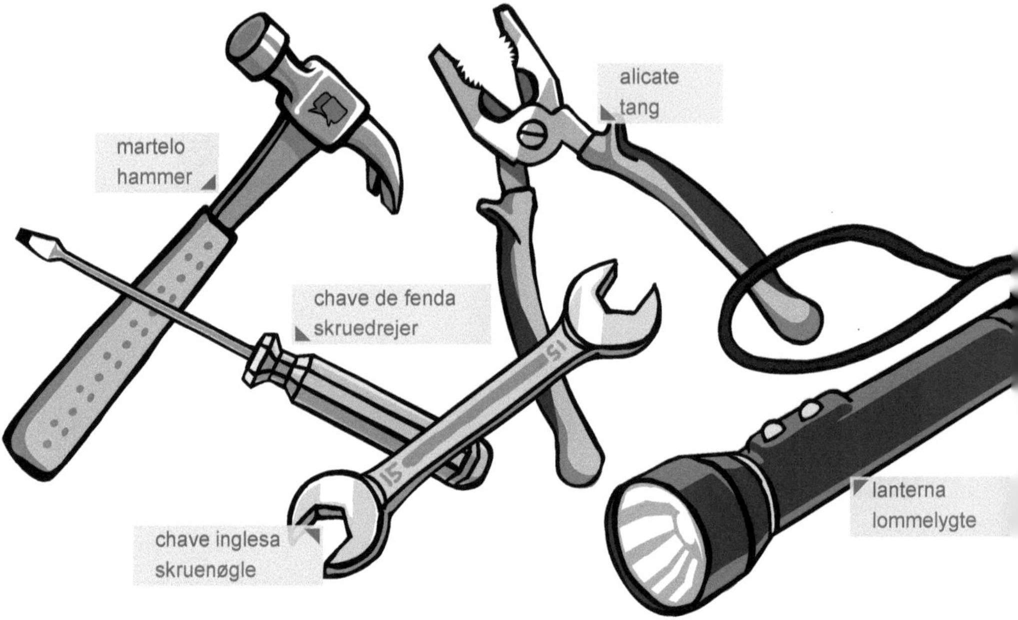

martelo
hammer
alicate
tang
chave de fenda
skruedrejer
chave inglesa
skruenøgle
lanterna
lommelygte

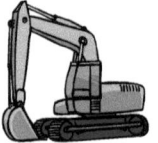

escavadora

gravemaskine

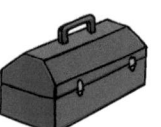

caixa de ferramentas

værktøjskasse

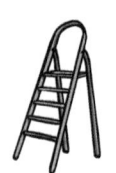

escada de mão

stige

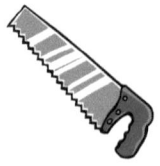

serra

sav

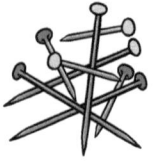

pregos

søm

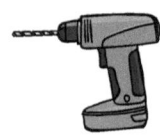

furadeira

bor

consertar

reparere

pá

skovl

Droga!

Lort!

pá de lixo

fejebakke

pote de tinta

malerspand

parafusos

skruer

instrumentos musicais
musikinstrumenter

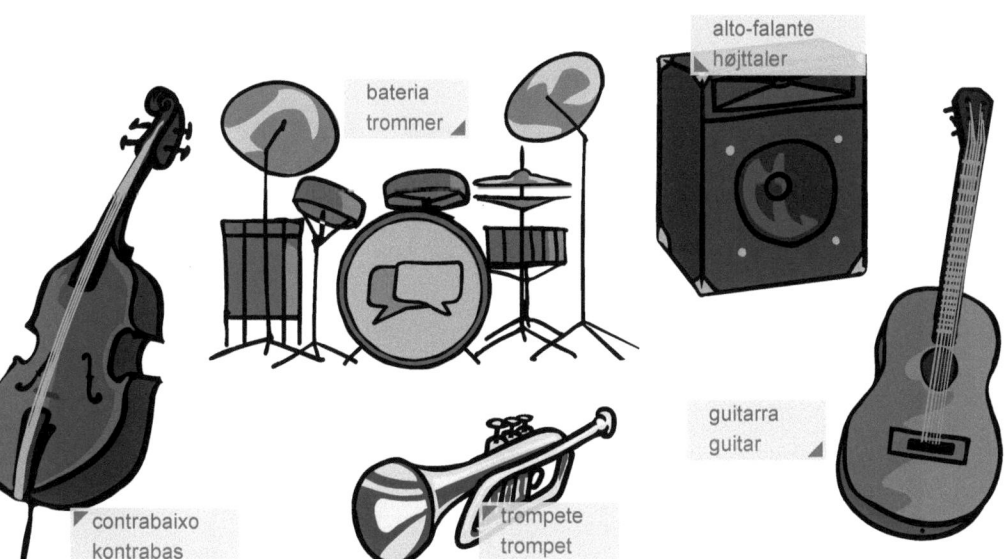

alto-falante
højttaler

bateria
trommer

guitarra
guitar

contrabaixo
kontrabas

trompete
trompet

piano

klaver

violino

violin

baixo

bas

timbales

pauke

tambor

tromme

teclado

keyboard

saxofone

saxofon

flauta

fløjte

microfone

mikrofon

zoológico

zoo

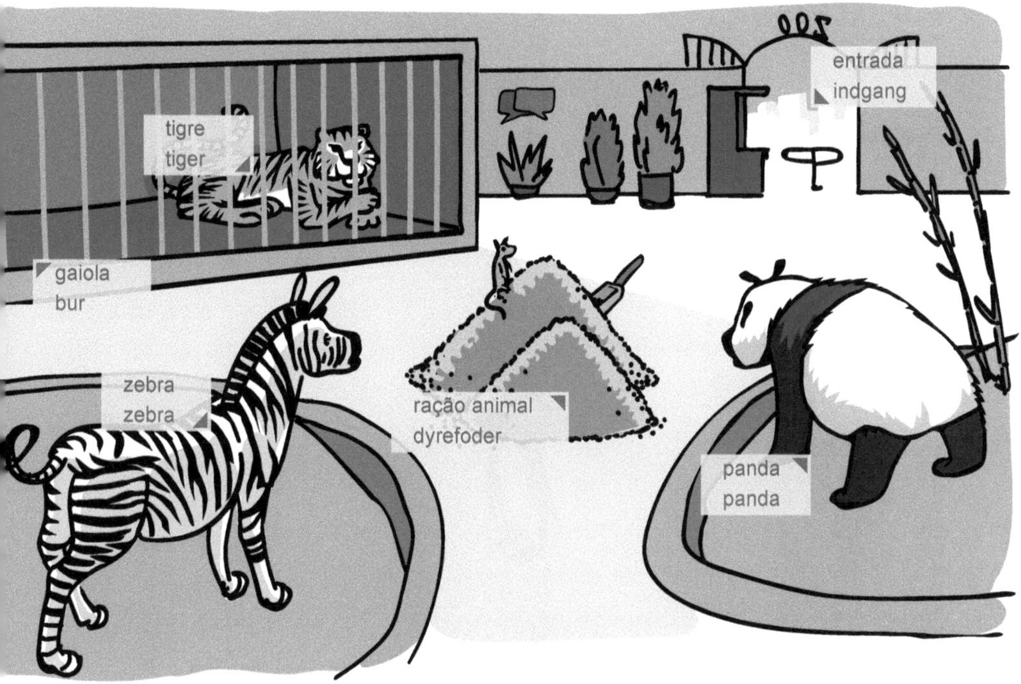
entrada
indgang
tigre
tiger
gaiola
bur
zebra
zebra
ração animal
dyrefoder
panda
panda

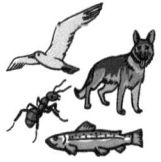

animais

dyr

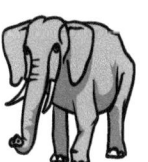

elefante

elefant

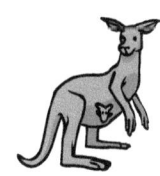

canguru

kænguru

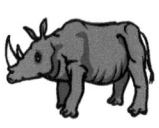

rinoceronte

næsehorn

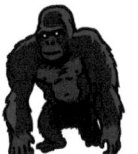

gorila

gorilla

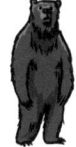

urso

bjørn

camelo

kamel

avestruz

struds

leão

løve

macaco

abe

flamingo

flamingo

papagaio

papegøje

urso polar

isbjørn

pinguim

pingvin

tubarão

haj

pavão

påfugl

cobra

slange

crocodilo

krokodille

guarda do zoológico

dyrepasser

foca

sæl

jaguar

jaguar

pônei

pony

leopardo

leopard

hipopótamo

flodhest

girafa

giraf

águia

ørn

javali

vildsvin

peixe

fisk

tartaruga

skildpadde

morsa

hvalros

raposa

ræv

gazela

gazelle

zoológico - zoo

futebol americano
amerikansk football

ciclismo
cykling

tênis
tennis

basquete
basketball

natação
svømning

boxe
boksning

hóquei no gelo
ishockey

futebol
fodbold

badminton
badminton

atletismo
atletik

handebol
håndbold

esqui
skiløb

polo
polo

atividades
aktiviteter

pular
springe
abraçar
give et knus
rir
grine
andar
gå
cantar
synge
sonhar
drømme
rezar
bede
beijar
kysse

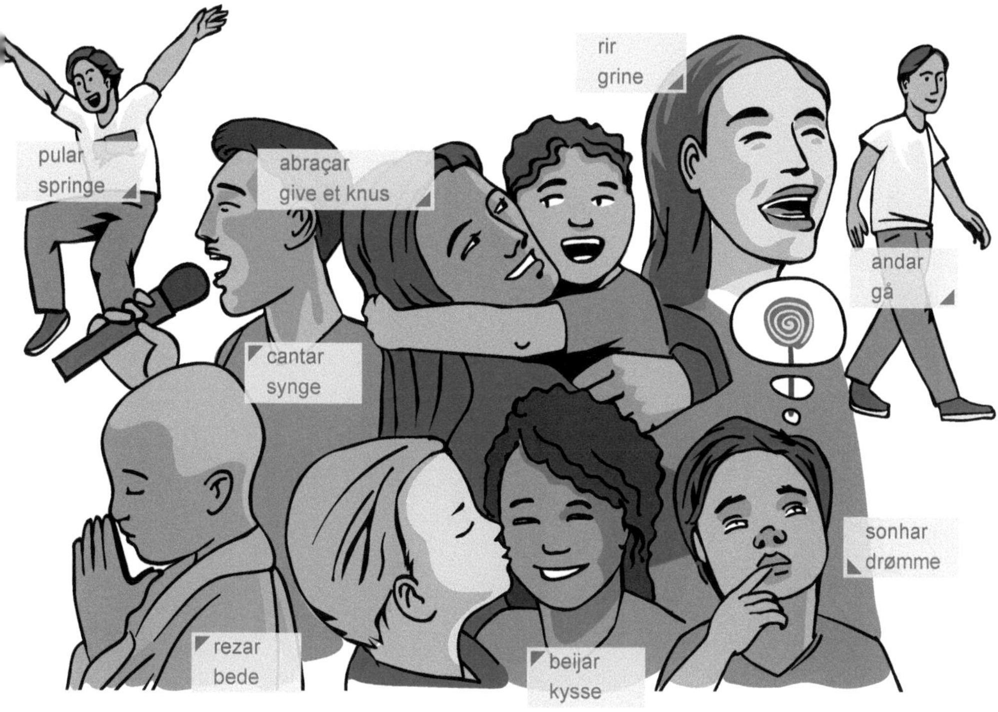

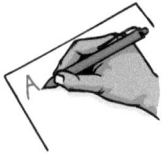

escrever

skrive

desenhar

tegne

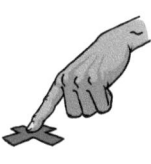

mostrar

vise

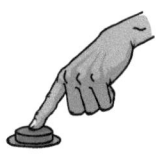

empurrar

skubbe

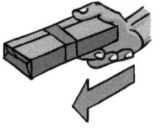

dar

give

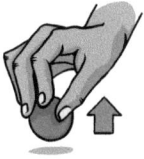

tomar

tage

ter
....
have

fazer
....
gøre

ser
....
være

ficar de pé
....
stå

correr
....
løbe

puxar
....
trække

jogar
....
kaste

cair
....
falde

deitar
....
ligge

esperar
....
vente

carregar
....
bære

sentar
....
sidde

vestir
....
tage på

dormir
....
sove

despertar
....
vågne

olhar para

se på

chorar

græde

acariciar

ae

pentear

kæmme

falar

tale

entender

forstå

perguntar

spørge

ouvir

høre

beber

drikke

comer

spise

arrumar

rydde op

amar

elske

cozinhar

koge

dirigir

køre

voar

flyve

velejar

sejle

calcular

regne

ler

læse

aprender

lære

trabalhar

arbejde

casar

gifte sig med

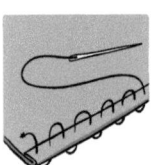

costurar

sy

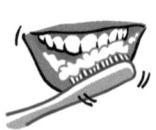

escovar os dentes

børste tænder

matar

dræbe

fumar

ryge

enviar

sende

atividades - aktiviteter

família
familie

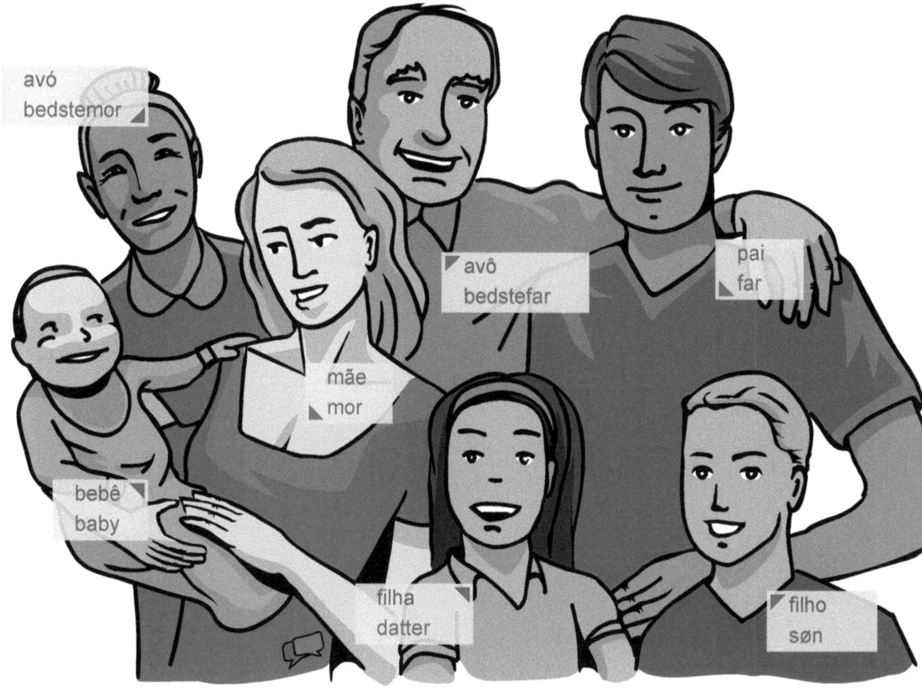
avó
bedstemor
avô
bedstefar
pai
far
mãe
mor
bebê
baby
filha
datter
filho
søn

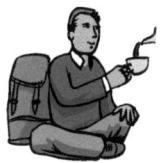

convidado

gæst

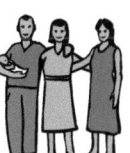

tia

tante

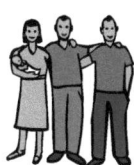

tio

onkel

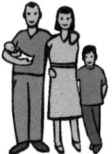

irmão

bror

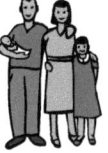

irmã

søster

corpo
krop

testa
pande
olho
øje
ombro
skulder
dedo
finger
rosto
ansigt
queixo
hage
mão
hånd
perna
ben
peito
bryst
braço
arm

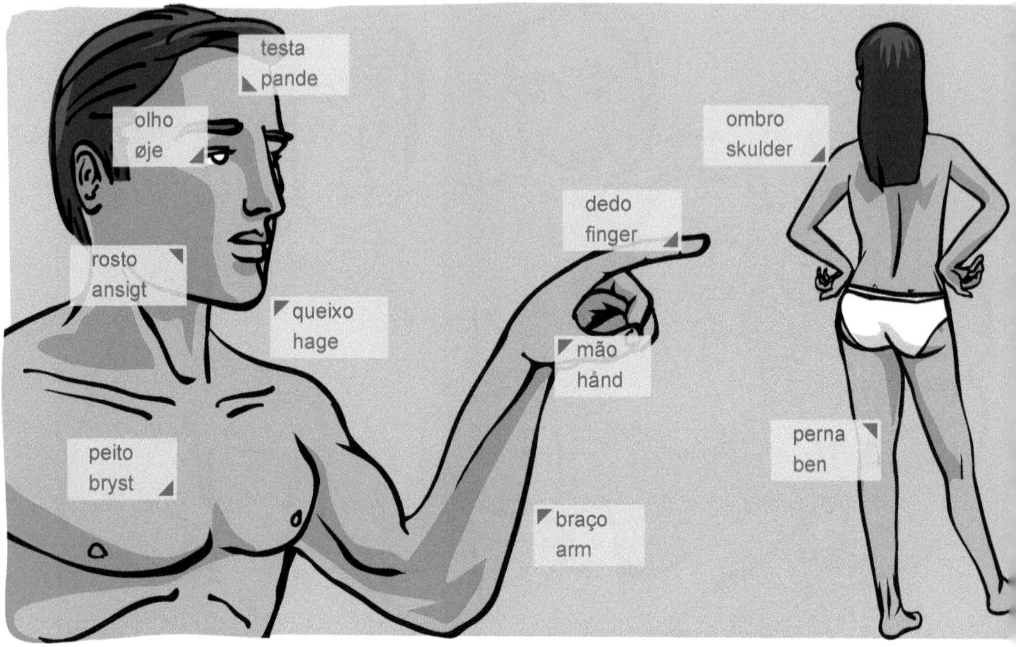

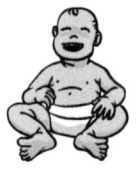

bebê

baby

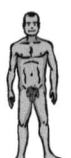

homem

mand

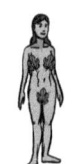

mulher

kvinde

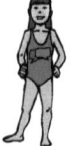

menina

pige

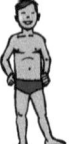

menino

dreng

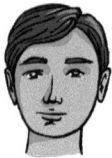

cabeça

hoved

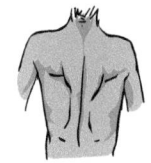

costas
ryg

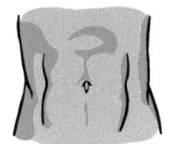

barriga
mave

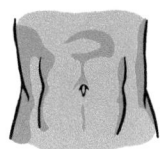

umbigo
navle

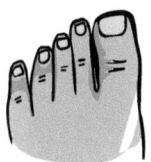

dedo do pé
tå

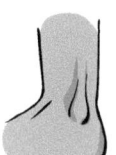

calcanhar
hæl

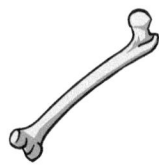

osso
knogle

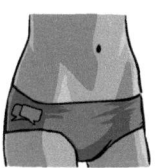

anca
hofte

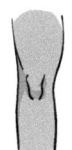

joelho
knæ

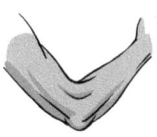

cotovelo
albue

nariz
næse

nádegas
bagdel

pele
hud

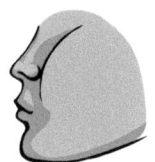

bochecha
kind

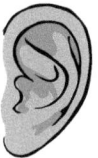

orelha
øre

lábio
læbe

boca
....
mund

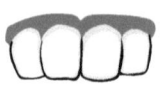

dente
....
tand

língua
....
tunge

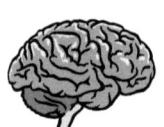

cérebro
....
hjerne

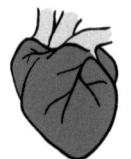

coração
....
hjerte

músculo
....
muskel

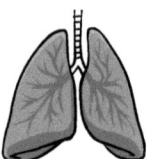

pulmão
....
lunge

fígado
....
lever

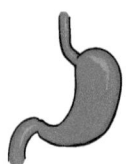

estômago
....
mavesæk

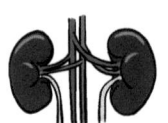

rins
....
nyrer

relações sexuais
....
sex

preservativo
....
kondom

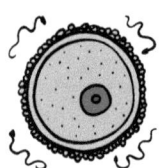

óvulo
....
ægcelle

esperma
....
sperm

gravidez
....
svangerskab

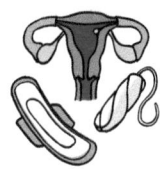

menstruação
menstruation

vagina
vagina

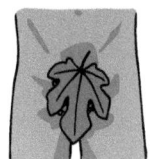

pênis
penis

sobrancelha
øjenbryn

cabelo
hår

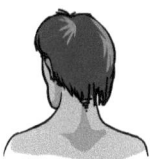

pescoço
hals

hospital
sygehus

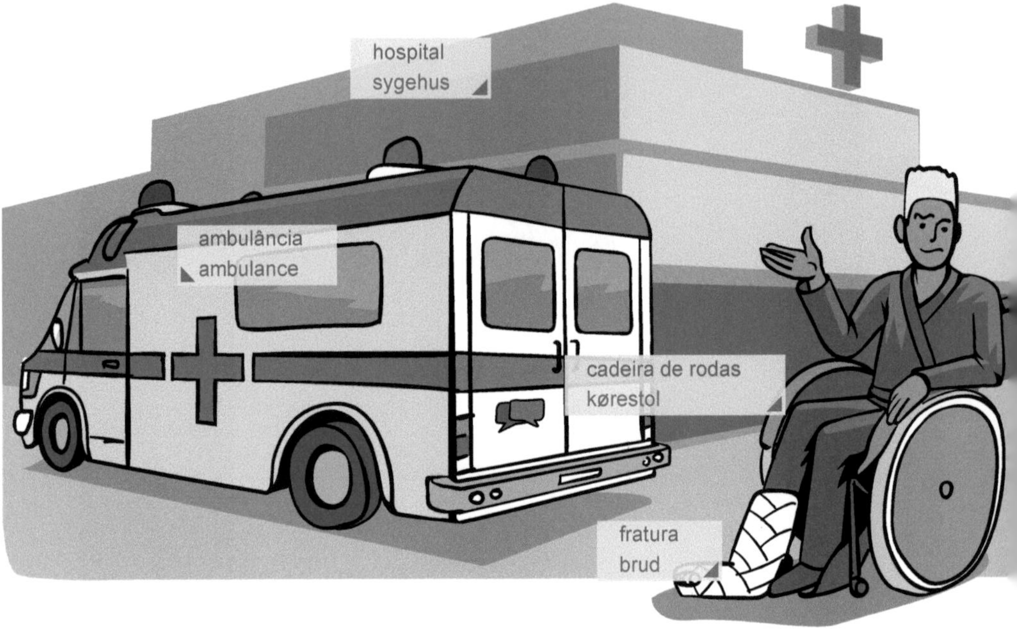

hospital
sygehus
ambulância
ambulance
cadeira de rodas
kørestol
fratura
brud

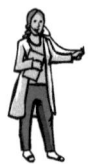

médico
lægé

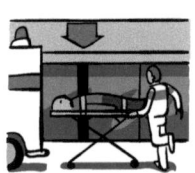

pronto-socorro
akutmodtagelse

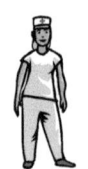

enfermeira
sygeplejerske

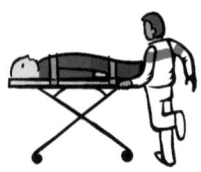

emergência
nødstilfælde

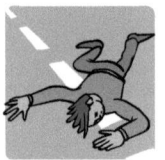

inconsciente
bevidstløs

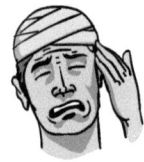

dor
smerte

ferimento

skade

hemorragia

blødning

ataque cardíaco

hjerteinfarkt

acidente vacular cerebral

slagtilfælde

alergia

allergi

tosse

hoste

febre

feber

gripe

influenza

diarreia

diarré

dor de cabeça

hovedpine

câncer

kræft

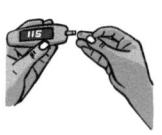

diabetes

diabetes

cirurgião

kirurg

bisturi

skalpel

operação

operation

CT
CT

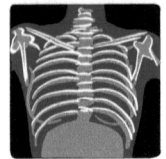

raio x
røntgen

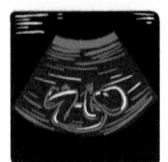

ultrassom
ultralyd

máscara
maske

doença
sygdom

sala de espera
venteværelse

muleta
krykke

bandeide
plaster

ligadura
forbinding

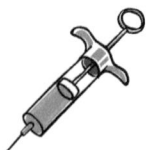

injeção
injektion

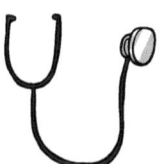

estetoscópio
stetoskop

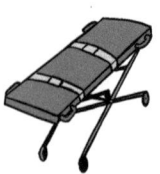

maca
båre

termômetro
termometer

nascimento
fødsel

excesso de peso
overvægt

hospital - sygehus

aparelho auditivo

høreapparat

desinfetante

desinficerende middel

infecção

infektion

vírus

virus

HIV / AIDS

HIV / AIDS

medicamento

medicin

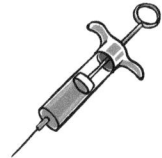

vacinação

vaccination

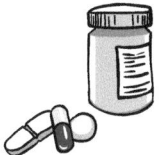

comprimidos

tabletter

pílula

pille

chamada de emergência

nødopkald

dispositivo de medição de
pressão arterial

blodtryksmåler

doente / saudável

syg / rask

Socorro!

Hjælp!

alarme

alarm

assalto

overfald

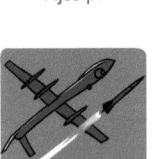

ataque

angreb

perigo

fare

saída de emergência

nødudgang

Fogo!

Det brænder!

extintor de incêndios

ildslukker

acidente

uheld

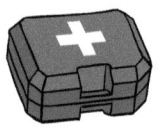

maleta de primeiros socorros

førstehjælps-kuffert

SOS

SOS

polícia

politi

Europa

Europa

América do Norte

Nordamerika

América do Sul

Sydamerika

África

Afrika

Ásia

Asien

Austrália

Australien

Atlântico

Atlanterhavet

Pacífico

Stillehavet

Oceano Índico

Indiske Ocean

Oceano Antártico

Sydlige Ishav

Oceano Ártico

Ishav

Polo Norte

Nordpol

Polo Sul
Sydpol

Antártica
Antarktis

Terra
Jorden

terra
land

mar
hav

ilha
ø

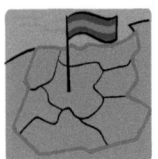

nação
nation

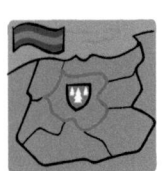

estado
stat

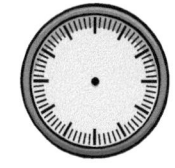

mostrador do relógio
urskive

ponteiro das horas
timeviser

ponteiro dos minutos
minutviser

ponteiro dos segundos
sekundviser

Que horas são?
Hvad er klokken?

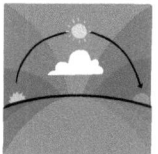

dia
dag

tempo
tid

agora
nu

relógio digital
digitalur

minuto
minut

hora
time

semana
uge

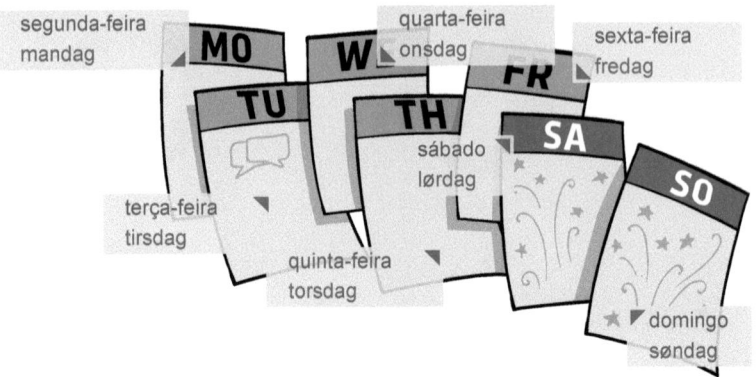

segunda-feira / mandag — **MO**
terça-feira / tirsdag — **TU**
quarta-feira / onsdag — **W**
quinta-feira / torsdag — **TH**
sexta-feira / fredag — **FR**
sábado / lørdag — **SA**
domingo / søndag — **SO**

ontem
i går

hoje
i dag

amanhã
i morgen

manhã
morgen

meio-dia
middag

entardecer
aften

MO	TU	WE	TH	FR	SA	SU
1	2	3	4	5	6	7
8	9	10	11	12	13	14
15	16	17	18	19	20	21
22	23	24	25	26	27	28
29	30	31	1	2	3	4

dias úteis
arbejdsdage

MO	TU	WE	TH	FR	SA	SU
1	2	3	4	5	6	7
8	9	10	11	12	13	14
15	16	17	18	19	20	21
22	23	24	25	26	27	28
29	30	31	1	2	3	4

fim de semana
weekend

chuva
regn

arco-íris
regnbue

vento
vind

neve
sne

primavera
forår

outono
efterår

verão
sommer

inverno
vinter

4.APRIL	11°	☀
5.APRIL	4°	☁
6.APRIL	13°	☂
7.APRIL	8°	☀
8.APRIL	10°	☀

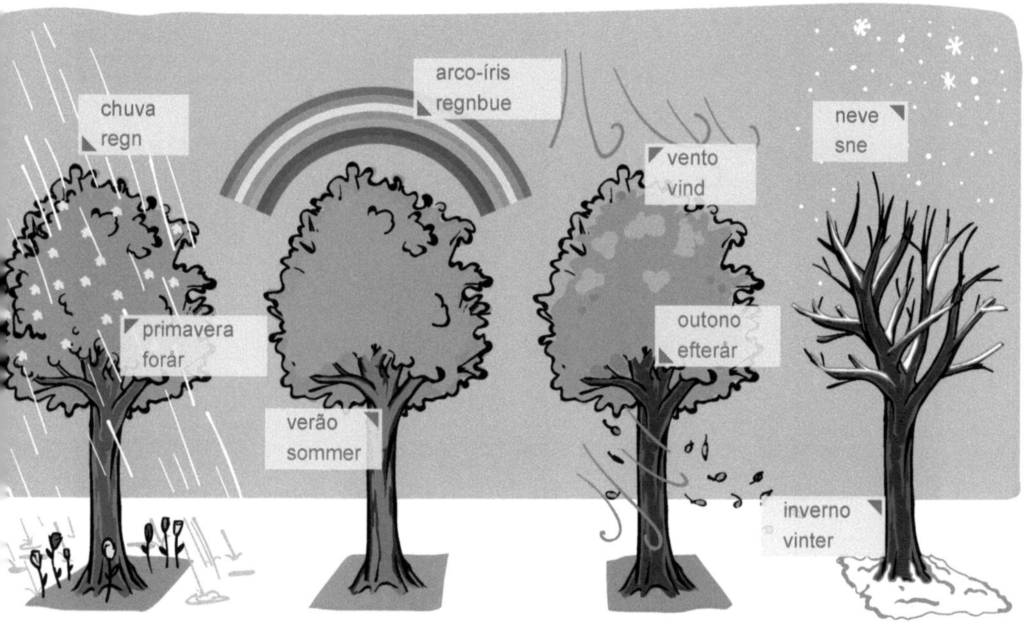

previsão do tempo
vejrudsigt

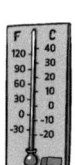

termômetro
termometer

raio de sol
solskin

nuvem
sky

neblina / nevoeiro
tåge

umidade do ar
luftfugtighed

relâmpago

lyn

trovão

torden

tempestade

storm

granizo

hagl

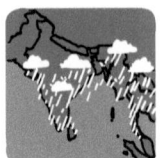

monção

monsun

inundação

flod

gelo

is

janeiro

januar

fevereiro

februar

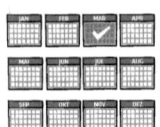

março

marts

abril

april

maio

maj

junho

juni

julho

juli

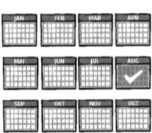

agosto

august

ano - år

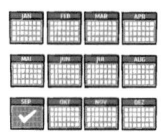

setembro
september

outubro
oktober

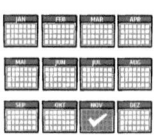

novembro
november

dezembro
december

formas
former

círculo
cirkel

quadrado
kvadrat

retângulo
firkant

triângulo
trekant

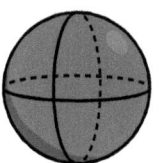

esfera
kugle

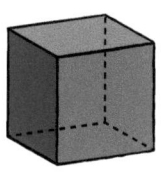

cubo
terning

branco
········
hvid

amarelo
········
gul

laranja
········
orange

rosa
········
pink

vermelho
········
rød

lilás
········
lilla

azul
········
blå

verde
········
grøn

marrom
········
brun

cinza
········
grå

preto
········
sort

muito / pouco

meget / lidt

furioso / tranquilo

rasende / fredelig

lindo / feio

smuk / grim

começo / fim

begyndelse / slut

grande / pequeno

stor / lille

claro / escuro

lys / mørk

irmão / irmã

bror / søster

limpo / sujo

ren / snavset

completo / incompleto

fuldkommen / ufuldkommen

dia / noite

dag / nat

morto / vivo

død / levende

largo / estreito

bred / smal

comestível / não comestível

spiselig / uspiselig

mau / gentil

vred / venlig

entusiasmado / entediado

ophidset / kedet

gordo / magro

tyk / tynd

primeiro / último

først / sidst

amigo / inimigo

ven / fjende

cheio / vazio

fuld / tom

duro / macio

hård / blød

pesado / leve

tung / let

fome / sede

sult / tørst

doente / saudável

syg / rask

ilegal / legal

illegal / legal

inteligente / idiota

intelligent / dum

esquerda / direita

venstre / højre

perto / longe

nær / fjern

novo / usado

ny / brugt

nada / alguma coisa

intet / noget

velho / jovem

gammel / ung

ligado / desligado

tændt / slukket

aberto / fechado

åben / lukket

baixo / alto

stille / højt

rico / pobre

rig / fattig

certo / errado

rigtig / forkert

áspero / liso

ru / glat

triste / feliz

ked af det / lykkelig

curto / longo

kort / lang

lento / rápido

langsom / hurtig

molhado / seco

våd / tør

ameno / fresco

varm / kold

guerra / paz

krig / fred

opostos - modsætninger

0	**1**	**2**
zero	um	dois
nul	en	to

3	**4**	**5**
três	quatro	cinco
tre	fire	fem

6	**7**	**8**
seis	sete	oito
seks	syv	otte

9	**10**	**11**
nove	dez	onze
ni	ti	elleve

12
doze
tolv

13
treze
tretten

14
quatorze
fjorten

15
quinze
femten

16
dezesseis
seksten

17
dezessete
sytten

18
dezoito
atten

19
dezenove
nitten

20
vinte
tyve

100
cem
hundrede

1.000
mil
tusinde

1.000.000
milhão
million

inglês
engelsk

inglês americano
amerikansk engelsk

chinês mandarim
kinesisk mandarin

hindi
hindi

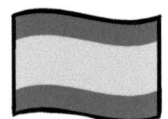

espanhol
spansk

francês
fransk

árabe
arabisk

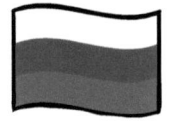

russo
russisk

português
portugisisk

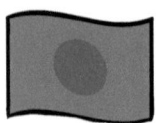

bengalês
bengalsk

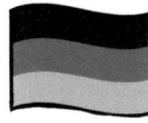

alemão
tysk

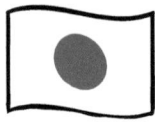

japonês
japansk

eu

jeg

você

du

ele / ela

han / hun / den / det

nós

vi

vocês

I

eles / elas

de

quem?

hvem?

O quê?

hvad?

como?

hvordan?

onde?

hvor?

Quando?

hvornår?

nome

navn

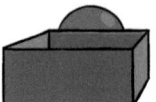

atrás

bag

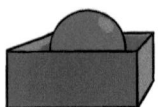

em

i

na frente de

foran

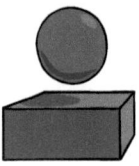

sobre

over

em cima

på

debaixo

under

do lado

ved siden af

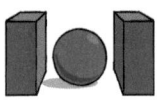

entre

imellem

lugar

sted